Guardarropa
ideal

Laure Gontier y Jeanne-Aurore Colleuille

Guardarropa ideal

• MARABOUT •

Índice

prefacio

Cómo te ayudará esta guía

"¡No tengo qué ponerme...!"

Todas las mañana se repite la misma escena frente a un ropero atiborrado de ropa. Con ella sobreviene la consabida crisis existencial que tanto hace reír a los niños (claro, ellos sí pueden estar listos en cinco minutos, pues sólo se ponen unos pantalones y una camiseta) y que, en el fondo, no es tan banal como parece.

Porque, a veces, escoger un buen atuendo puede marcar la diferencia. Con un *look* que te agrade, con el que te sientas bien, parece más sencillo pedir un aumento de sueldo, enfrentar la primera cita con el hombre de tu vida o, simplemente, sentirte la más chic del súper.

Es cierto que entre los consejos de las revistas, las opiniones de las amigas ("Sí, sí, el rosa fosforescente te queda muy bien"), las últimas tendencias de la pasarela y la sobreoferta de estilos en las grandes tiendas, a veces es difícil encontrar lo que te favorece.

El suéter color ébano de cachemira que compraste con tus ahorros de un año, ¿acabará en la basura porque los diseñadores han decretado que el negro está *out*?

Y a la blusa de lamé que conservas desde el colegio, ¿tendrás que quitarle la naftalina porque las revistas han decidido que la moda disco es muy *trendy*?

Si la ropa te causa migraña, esta guía es para ti. No tendrás que pasar una hora al día probándote todos los pantalones del ropero; por fin sabrás escoger EL pantalón que te hace lucir una súper figura.

También te ayudará a conocer trucos para usar tus vestidos de mil y una formas y encontrar el *look* adecuado.

Descubrirás los tesoros escondidos en la falda trapecio, en la camiseta de tirantes o en el vestido negro. Quizá no lo sepas todavía, pero estas prendas tan sencillas son tus mejores amigas.

¿No quieres gastar más en ropa? No te preocupes, no tienes que deshacerte de todo tu guardarropa para seguir los consejos de esta guía.

Sin embargo, de seguro te gustaría ver tu ropero con otros ojos, reciclar las prendas y sentir el placer de vestirte sin necesidad de invertir tu salario del mes. En resumen, te darán ganas de consentirte y cambiar el traje azul marino que te pones cada mañana desde hace cinco años.

No es obligatorio obsesionarse con la moda para vestir bien. Hasta la más perezosa de las perezosas puede transformarse en una verdadera experta a condición de que conozca los trucos más simples, pero indispensables, para sacar partido de sí misma.

Cortes, colores, materiales, calidad, accesorios: hay que revisarlo todo para escoger el *top* o el vestido que necesitas. El objetivo no es imponerte nuevos dictados irrevocables —no todas queremos pasearnos en tacones de aguja o llevar cinturones de pitón—, sino ayudarte en esos momentos del día en que te falta inspiración y el juego de la moda parece complicado.

No dudes en poner en práctica los trucos y en adaptarlos a tu estilo; experimenta y diviértete. Hasta la fecha, un mal paso con la moda jamás ha matado a nadie, e incluso las estrellas de cine necesitan estilistas para aprender a vestirse.

Lo que cuenta finalmente es darte gusto y, ¿por qué no?, redescubrir el efecto encantador de ese vestidito negro que abandonaste en el fondo de un cajón. Al fin podrás exclamar frente a tu ropero: "¡Vaya, pero si tengo muchísimas cosas que ponerme!"

capítulo 1
El *top* que cambiará tu vida

¿De qué estamos hablando? El término *top* abarca camisetas, suéteres, blusas, camisas, chalecos; en fin, prácticamente todo lo que cubre el torso.

Es la prenda más práctica y accesible. Te permite cambiar de estilo en un santiamén: negra, blanca, gris, rosa o roja; floreada, rayada; de algodón, de seda, de lana; lisa, fruncida o anudada: tienes que verla como "la sal" de tu ropero.

¿Cómo usarlo?

Tip de color 1
No es obligatorio usar todos los colores del arco iris

Tampoco conviene creer en las tendencias que afirman: "Esta temporada todos usarán el amarillo pollito".

El blanco, el negro, el gris, el beige o el café (marrón) siempre estarán de moda y no necesariamente harán que te confundas entre la multitud.

Tip de color 2
No temas a los *tops* de rayas horizontales

Si estás un poco llenita, escoge rayas delgadas para evitar el efecto de las bandas gruesas que acentúan el vientre. La glotonería no es un defecto tan malo: rayas de chocolate y verde anís, o merengue y rosa algodón de dulce, mmm...

Tip de forma 1
No cedas a la facilidad

"Camiseta" no significa un gran trozo de tela talla extra grande con el logo de un banco. Las camisetas deben escogerse de manera que armonicen con las curvas del cuerpo: ajustadas, pero no embarradas. ¡Es un arte!

Tip de forma 2
Juega tus ases sin complejos

Los cuellos en *V* y los cárdigans (que se desabrochan con calma) son los más democráticos: les quedan a todas. Nada más inquietante: un suéter entreabierto que permite "echar un vistazo" al escote.

Tip de material 1
Me atrevo o no...

Los cuellos altos de lana sin mangas plantean una contradicción: cubren bien cuello y espalda, pero hombros y brazos quedan a merced del frío.

Las sudaderas se aceptan siempre y cuando no lleven frases ("I love Paris", por ejemplo) y no sienten como "bomba": deben ser finas, flexibles y ajustadas, en un color gris perla, por ejemplo.

Tip de material 2
No te avergüences de tu espíritu práctico

Si transpiras, no te prohíbas la seda (requiere lavado en seco), pero evita comprar una camisa de manga larga y opta por un corpiño o blusa sin mangas.

¿Se me verá bien?

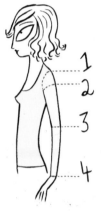

1. Las camisetas o *tops* de tirantes que descubren todo el brazo son adorables, pero no se ven tan bien cuando los brazos están algo flácidos o si se tienen hombros caídos.

2. Sin embargo, una manguita que cubra el hombro se ve coqueta y corrige la caída del antebrazo.

3. La manga tres cuartos que llega hasta el hueco del codo es una excelente amiga. Descubre una parte del brazo, pero disimula el antebrazo (la zona que tiende más a la flacidez).

4. La manga larga es una buena opción para todas. Pero si te pareces más a la Venus de Milo que a Kate Moss, evita los materiales *stretch* y prefiere el algodón y la seda.

Los imprescindibles para quienes desean estar en el *top* de los *tops*

Indispensables

- La camiseta de manga corta o manga larga: ¡tiene muchas salidas!

- Los *tops* sin mangas porque han regresado para estar de moda.

- El suéter de cuello en V, que sienta bien a todas.

- El corpiño de seda, irresistible en verano, debajo de un suéter o una chaqueta.

- La camisa blanca tiene un sinfín de posibilidades.

- Los coordinados son muy prácticos, pueden combinarse o no.

Y si todavía queda espacio en el ropero...

- El cuello alto o "de tortuga", sobre todo si eres delgada.

- Los *tops* cruzados (tipo *cache-coeur*) abrigan y ofrecen un toque de romanticismo.

- Los suéteres de lana gruesa: un acento íntimo a la orilla de la chimenea.

- Las blusas con cuello para anudar (*lavallière*), ideales para jugar a la señora.

- Todos los *tops* que me gustan y que me permitirán cambiar de silueta sin tener que renovar todo mi guardarropa: la blusa típica, la túnica, la marinera, la blusa victoriana, la sudadera.

Twin-set

Ojo con las trampas

- Un clásico: el *bra* o sostén mal adaptado, ya sea porque tiene relleno y se ve artificial con un *top* delgado, o porque es blanco y se transparenta. La solución es un color natural, con copas de un tamaño más realista.

- Las camisetas entalladas o los chalecos muy pequeños sólo se ven bien en chicas súper delgadas. Evita, por lo tanto, la ropa de adolescente o meterte en una talla 5 cueste lo que cueste. Enseña el ombligo con moderación.

- A la inversa, no escondas tus redondeces bajo un suéter grande y amorfo: eso sólo acentuará el volumen de tus formas.

  En el mismo sentido, los senos grandes no se llevan bien con los cuellos vueltos o "de tortuga" porque aumentan su tamaño: ¡que vivan los cuellos en V, que a todas les quedan bien!

- Cuidado con los *tops* muy amplios (como las blusas rumanas) combinados con faldas anchas o pantalones largos. Hasta la chica más delgada parecería una granjera obesa. Procura equilibrar las proporciones: una blusa amplia con un pantalón ajustado, o a la inversa.

- Las camisetas ajustadas rara vez deben llevarse por dentro de la falda o el pantalón; a menos que estrangules la cintura con un cinturón grueso, tienden a añadir grosor.

  Tampoco se trata de llevar por fuera una camisa muy larga. Las camisas blancas son las más fáciles de manejar: por dentro, por fuera, anudadas en la cintura, se prestan a todas las interpretaciones.

Guardarropa de la semana

La camisa blanca

Nunca pasa de moda y ofrece tantas posibilidades que difícilmente podrás prescindir de ella. Masculina o femenina, abierta o cerrada, se adapta a todas las situaciones.

Lunes

Las superposiciones siempre están de moda, sobre todo si creas un verdadero contraste entre una camisa color blanca y una camiseta negra.

Ideal para: solicitar un aumento al jefe.

Jueves

La camisa blanca es ideal cuando quieres darle un toque de clase a unos *jeans*. Detalle importante: un cinturón de cuero sobre las caderas.

Ideal para: una celebración en el jardín.

Martes

Con tres o cuatro broches, la camisa se transforma en una romántica blusa cruzada (*cache-coeur*) que podrás combinar con un faldón y unas zapatillas originales.

Ideal para: brillar en la inauguración de la casa de tu amiga.

Viernes

Para darle un toque de segundo grado a tu falda de seda de las grandes noches, anuda tu camisa en la cintura. Sí, sí, igual que Sharon Stone lo hizo alguna vez en la ceremonia del Óscar.

Ideal para: ir a la ópera con un amigo.

Miércoles

¿Tu falda de flores te parece sosa? Ponle un acento masculino: camisa blanca más un suéter de cuello en *V* ajustado.

Ideal para: ir a cenar con tu tía.

Sábado

Tu camiseta rayada sin mangas, que tanto te gusta en verano, encuentra un segundo aire asociada a una camisa blanca. Basta agregarle un pantalón y unos tenis finos.

Ideal para: recorrer los museos con los niños.

Domingo

La combinación no es realmente original. Una camisa blanca se verá más chic con un bikini y además te protege de los rayos del sol.

Ideal para: un día en la playa o en la piscina.

Tanto en invierno como en verano

La blusa de seda con volantes (faralanes)

Con su aire romántico, es el *top* ideal para salpimentar la falta de inspiración. Sólo procura escoger un modelo que conserve los detalles femeninos (ojo con el exceso de volantes).

¡Qué calor hace!

Juega la carta del detalle estival (pantalón pescador, alpargatas con lazos) contrastando el lado *girly* del *top* con toques más rústicos (un bolso de mimbre y un cinturón trenzado).

¡Qué frío!

Debajo de la blusa, una camiseta de manga larga en una tonalidad más estricta, con zapatillas bicolores de correas y una falda recta. No olvides la bufanda de malla gruesa, estilizada y abrigadora.

Mamá siempre me ha dicho...

**"Se te ve el tirante del *bra*.
¡Qué vulgar!"**
Cuando es el único detalle coqueto del conjunto (se sugiere no asociarlo con la minifalda, los tacones altos y el labial de color chillante) no se ve vulgar. A condición también de que esté un poco estudiado.

Si el *bra* está muy gastado por las lavadas o tiene un color que desentona, no conviene. En cambio, si es bonito y usas un *top* de

malla flexible que se deslice despreocupadamente sobre el hombro, podrá verse encantador o hasta tórrido, ¡tú decides!

Sin embargo, el *bra* debajo de una blusa transparente se reserva a quienes tienen un torso más bien delgado. Escógelo con un escote serio, en forma de triángulo, por ejemplo.

"No me digas que una camiseta viste"

¡Claro que sí! No es forzosamente sinónimo de descanso y puede llevarse en otras ocasiones además de los fines de semana. Si el modelo es ajustado, úsalo debajo de la chaqueta de un traje sastre muy serio, o bien, combínalo con un chaleco más coqueto.

Pero tampoco estás obligada a esconder tu camiseta: sola, con un collar de perlas de varias vueltas, es *cool* y chic a la vez.

Todavía más simple: una camiseta negra de manga larga muy ajustada con un pantalón de cigarrillo y zapatos de tacón bajo, resulta un conjunto elegante y conservador.

"Un cuello de pico (o en *V*) en pleno invierno: ¡vas a pescar una pulmonía!"
Ésa no es una buena razón para pasar el invierno con la barbilla enroscada en un cuello vuelto o "de tortuga".

La camiseta de cuello en *V* es una de las prendas más favorecedoras. Por lo tanto, no dudes en tenerla a la mano en invierno junto con otros accesorios que te mantendrán abrigada.

Por ejemplo, la larga bufanda delgada que se enreda dos o tres veces alrededor del cuello y cuyos bordes dejas sueltos. Puede ser de malla, de lana, de lúrex... y para quienes se atrevan, una corbata de hombre reciclada para este efecto.

También es ideal el cuello tejido o la minicapa con los cuales no sabes qué hacer: te protegen los bronquios, mostrando algunos centímetros de piel bajo la camiseta.

Y no olvides la pequeña bufanda anudada a un lado, al estilo de Audrey Hepburn.

"Desconfía de los *tops* azul marino: no podrás combinarlos con una falda o un pantalón negros"
Esta vieja creencia ha perdurado, y es una lástima porque la unión del negro y el azul marino puede hacer maravillas.

No trates de arreglar la combinación asociándole otro color para distraer la atención. Se trata de mostrar que es una elección deliberada y asumida. La mezcla funciona mejor con ropa de líneas sencillas, sin adornos por todos lados.

Ejemplos: un *top* sin mangas bien recto, en color marino y una faldita trapecio de algodón negra: ideal para un verano en la ciudad. En invierno, un cuello alto negro con una falda de lana azul marino.

15 preguntas para comprobar
lo que has aprendido

I. ¿Cuál es el top ideal para las perezosas?

a) La blusa blanca, porque tiene muchos usos.

b) El suéter de cuello vuelto, porque evita el uso de la bufanda.

c) La camiseta, porque no tengo que ocuparme de ella.

2. La camiseta sin mangas es para...

a) Los amantes de la moda *retro*.

b) Todas las chicas, pero se verá mejor con un chaleco o un chal.

c) Abrigarse en invierno llevándola debajo de un suéter.

3. En cuanto a colores, prefiero:

a) Los del momento, según mi revista favorita (con la que siempre estoy de acuerdo).

b) El que hace que mi tez se vea de un tono melocotón.

c) El negro: combina con todo, y nunca pasa de moda.

4. Las rayas horizontales...

a) Las uso sin complejos.

b) Son ideales para las que pesan 30 kilos completamente vestidas.

c) Son de marinera, están muy pasadas de moda.

5. ¿Qué hago con mi *top* azul marino?

a) Me lo pongo con una faldita roja y una flor de tela a rayas.

b) Me lo pongo con pantalón pescador y un bolso de mimbre.

c) Lo dejo debajo de una pila de camisetas y lo olvido.

6. No puedo vivir sin...

a) Un suéter de cuello en V de malla delgada.

b) Un suéter de lana pura.

c) Una sudadera súper larga.

7. Escojo mi camiseta de manga larga...

a) Pequeña, porque es más sexy.

b) Larga, para mayor comodidad.

c) Ajustada, para mostrar mis curvas sin comprimirlas.

8. La blusa tradicional heredada de mi abuela rumana irá muy bien con:

a) El faldón de gitana.

b) Unos jeans ajustados.

c) Un pantalón bombacho bien planchado.

9. ¿Debo ahorrar para comprarme un suéter de cachemira?

a) Sí, claro.

b) La lana sintética no está mal.

c) ¿Por qué no? Aunque una mezcla de seda y algodón también es bonita.

10. La camisa de seda con cuello de corbata que me dio mi cuñada, me la pongo con...

a) Una minifalda de mezclilla (dril).

b) Una falda y una diadema, como ella.

c) Mis _jeans_ más usados.

11. Mi novio me compró una camiseta que dice: "Odio la moda"...

a) ¡Hurra! Así podré mostrar mi lado rebelde.

b) Con una falda de colegiala se verá bastante seria.

c) La usaré para dormir (junto a él, por supuesto).

12. ¿Qué le regalaré a una amiga que no he visto desde hace mucho?

a) Un _top stretch_: es elástico, le quedará de todas formas.

b) Tres camisetas sin mangas en colores pastel con la nota de compra, por si acaso.

c) Un suéter extra grande: más vale que sobre...

13. Llevo muchos años usando el mismo chaleco...

a) Lo cierro con un broche grande.

b) Lo convierto en abrigo para mi perro.

c) Lo dejo descansar con naftalina durante algunas temporadas.

14. Tengo una cita con mi ejecutivo de cuenta bancario: no es la ocasión para ponerme una camiseta.

a) Efectivamente, no.

b) Sí, con un collar de perlas de vidrio se verá elegante y discreto a la vez.

c) Si tiene estampado el logo de su banco, se sentirá halagado y será más amable.

15. Para las vacaciones, llevo en la maleta...

a) Un bonito _top_ de gamuza que me encanta y la falda que le hace juego.

b) No me llevo una camiseta de cuello en V, me moriría de frío.

c) Un cuello en V con una bufanda y nada de gamuza.

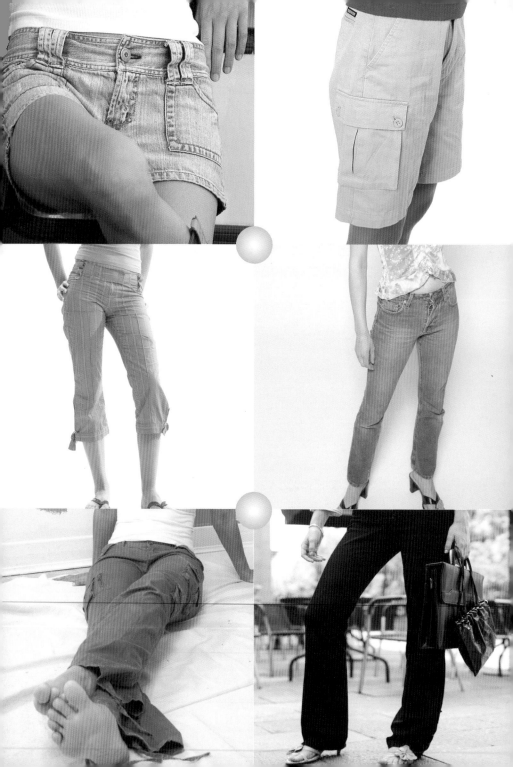

capítulo 2
Cómo escoger el pantalón de tus sueños

¿De qué estamos hablando? Del pantalón, esa prenda que tanto trabajo nos cuesta escoger. Es lógico, porque resalta las zonas del cuerpo más sensibles a los complejos: el trasero y los muslos. Entre el pantalón de hombre, con el que se juegan deliciosamente los códigos de lo masculino y lo femenino, y el pantalón "cigarrillo", cuya copa larga y estrecha es súper femenina, hay un punto en el que te verás divina. Además, ¿qué harías sin esta prenda indispensable para toda ocasión?

¿Cómo usarlo?

Tip de color 1

El negro adelgaza

Efectivamente, el negro te hace más delgada. El pantalón de esmoquin, con su fajilla que alarga las piernas, hace milagros (entonces, ¿por qué no nos atrevemos a llevarlo de día con un lindo *top*?). El blanco también puede ser muy chic. El gris, los tonos de beige y café y los marinos siguen siendo elecciones seguras.

Tip de color 2

Los tonos pastel son una opción

De esta manera te deslindarás de los colores estrambóticos que todo el mundo lleva. Un rosa pálido o un lavanda en un pantalón de terciopelo de mil rayas no es una mala idea.

Los colores *flashy* deben considerarse con desconfianza. Más vale reservarlos para la noche: un pantalón de terciopelo color carmín o verde pino, puede hacer maravillas.

Tip de material 1

Desconfía de todo lo que se pega y de lo que es completamente *stretch*

Por supuesto que no debes descartarlos por completo para que el pantalón siga armoniosamente el contorno de tus curvas. Sin embargo, cuando se pegan a los muslos como una ventosa y el tiro es demasiado alto, no te verás como un símbolo sexual; te sentirás incómoda por lo apretado del pantalón.

Tip de material 2

No dudes en buscar materiales diferentes

El *tweed*, el lino, el terciopelo... ¿Por qué no la piel y la gamuza? Siempre y cuando no adoptes un *look* Pocahontas, pueden funcionar en un guardarropa clásico.

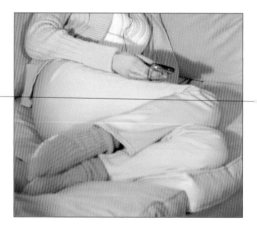

Tip de forma 1

¿Perdida entre los cortes?

Hay un modelo que a todas conviene: el pantalón largo que se ensancha hacia abajo borrando todos los defectos que encuentra a su paso. Debe ceñirse bien a la cintura y a las caderas (no se trata de escogerlo dos tallas más grande con el pretexto de ponérselo el fin de semana).

Su *plus*: es cómodo, más chic que el *baggy* y puede resultar *sport* o de vestir.

Tip de forma 2

El largo del pantalón deberá basarse en los zapatos que piensas usar

El pantalón casi deberá tocar el suelo, de lo contrario es un pescador y, en ese caso, tendría que descubrir todo el tobillo.

Conviene saberlo: los pantalones cortos (pirata, pescador) tienden a acortar la figura, por lo que no convienen a las chicas bajitas.

¿Se me verá bien?

1. El *short* que termina arriba del muslo: ¡cuidado, peligro! Debe reservarse para la playa y tendrás que huirle como a la peste si no tienes piernas perfectas.

2. Las bermudas rectas arriba de la rodilla son una aliada poco conocida. Conserva un aspecto estival y oculta los muslos imperfectos. Con zapatos de tacón bajo puede alargar la figura.

3. El pescador es un amigo falso. Su largo a media pantorrilla comprime la figura, sobre todo si lo usas con zapatillas planas y no eres muy alta.

4. El pantalón largo es, evidentemente, la mejor manera de conseguir una silueta de sílfide. Ten cuidado si la campana es demasiado ancha y larga porque comprime la figura. Prefiere un dobladillo a dos o tres centímetros del suelo y evita las "patas de elefante".

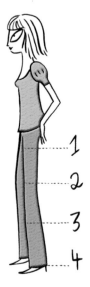

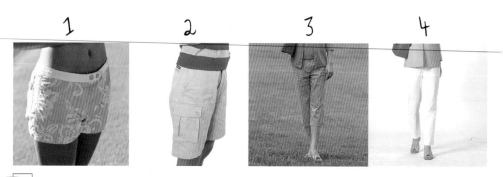

Los imprescindibles que pondrán a las faldas verdes de envidia

Indispensables

- El pantalón negro, pues ya sea recto, largo o de cigarrillo, es un básico.

- El pantalón cargo o militar se ha convertido en un básico.

- El pantalón de *tweed*, para cambiar un poco.

- El pantalón largo, con o sin vuelta, siempre favorece.

Y si todavía queda espacio en el ropero...

- El pantalón a rayas recto, de tela ligera, es llamativo en verano.

- El pantalón de terciopelo mil rayas, que se lleva como unos *jeans*.

- El pantalón de esmoquin, totalmente subestimado.

- El pirata, úsalo con precaución.

Ojo con las trampas

- Es común que los contornos de la panta-leta se marquen en un pantalón ajustado. Para evitarlo, es obligatorio el uso de la tanga o *string*, que no se nota. Si no te gus-ta, escoge pantalones con menos *stretch*, pero bien ajustados sobre el trasero. Tam-bién puedes buscar pantaletas de costuras invisibles.

- Prohíbe el acceso a tu guardarropa a los mallones o *leggings*, que sólo se ven bien en una silueta de maniquí. Lo mismo apli-ca para el pantalón de tubo, que vivió su época de oro en los años ochenta del si-glo pasado, pues transforma la pierna en un cono poco apetitoso. También debes descartar el pantalón de pinzas: hace que el trasero se vea enorme.

- Cuidado con los estampados, sobre todo con cuadros, pues aun asociándolos a un *top* muy glamoroso pueden echarte diez años encima. Y están prohibidísimas las inscripciones sobre el trasero.

- ¿Talle alto o bajo? El talle alto envejece y, en el peor de los casos, engorda. El ta-lle bajo tiene la ventaja de que corta en dos el trasero y hace que se vea menos voluminoso, pero la acumulación de gra-sa se nota con mayor facilidad. Solución:

Tómate tu tiempo para probarte todos los modelos.

- Un error de percepción frecuente: com-prar un pantalón en función de los cinco kilos que piensas perder. ¡Resulta pésima idea! Escoge un pantalón con el que te veas fantástica ahora, no dentro de tres meses. No puedes saber si vas a adelgazar del vientre, las caderas o los muslos; además, ¿cómo sabes que no te verás sublime con tus curvas si eliges el pantalón adecuado?

Guardarropa de la semana

El pantalón recto negro

Si sólo pudieras tener un pantalón, sería éste. Su corte sencillo y clásico (talle bajo, piernas rectas, ligeramente acampanadas) se adapta a todas las morfologías. Trata de combinarlo con accesorios originales.

Lunes

El pantalón negro de un traje puede verse más creativo y estilizado si lo usas con una chaqueta desfazada, un *top* romántico y botas de un color sorprendente (azul eléctrico o rosa fucsia).

Ideal para: una cita con el notario para escriturar tu nuevo departamento.

Jueves

Todavía más sexy que un vestido escotado, el contraste entre tu pantalón serio y un *top* pequeño tipo corsé crea un efecto garantizado de "Moulin Rouge".

Ideal para: una despedida de soltera.

Martes

Antes de deshacerte del minivestido que te parece demasiado corto, dale otra oportunidad como túnica encima de una camiseta negra y tu pantalón.

Ideal para: sazonar un día social en la oficina.

Viernes

Olvídate del *look* vaquero de los pies a la cabeza. En cambio, no dudes en combinar tu pantalón con botas camperas, un *top* ablusado y una banda delgada en el cuello, tejida a mano.

Ideal para: tomarte la tarde libre.

Miércoles

Para darle "chispa" a tu pantalón clásico, nada mejor que pequeños toques inesperados: una camiseta de tirantes, una chaquetilla de volantes, una mascada como cinturón y babuchas.

Ideal para: una cena en casa entre amigos.

Sábado

El pantalón negro es también una solución ideal para componer un *look* despreocupado sin descuidar la apariencia. Sólo cuida los detalles: tenis de tela colorida, juegos de combinaciones (suéter pequeño y camiseta) y un bolso tipo alforja.

Ideal para: hacer más llevadera la visita al súper.

Domingo

El *top* cruzado que no sabes cómo usar encuentra un segundo aire con un pantalón y una camiseta en contraste. Agrega un collar de perlas de fantasía y obtendrás un aspecto estilizado sin pensarlo.

Ideal para: la comida de cumpleaños de mi sobrina.

Tanto en invierno como en verano

Las bermudas rectas

No, no son sólo para los explora-
dores, en especial si las escoges
rectas, con talle un poco bajo, de
un material que tenga caída y, sobre todo, sin pinzas.

¡Qué calor hace!

Opta por una silueta campes-
tre, con una blusa típica, brazaletes gruesos de madera o
plástico y sandalias altas, para
darle un toque femenino.

¡Qué frío!

Tus bermudas te mantendrán
más abrigada que una falda;
basta con asociarle un suéter mullido de cinturón, unas
medias negras opacas (chic y
muy cálidas) y unas sandalias
para alargar la figura.

Mamá siempre me ha dicho...

"El pantalón es para los chicos"

Dejó de serlo cuando un tal Yves Saint Laurent democratizó su uso entre las mujeres. Pero algunas todavía creen en la doble ecuación:

falda = mujer auténtica
pantalón = hombre incompleto

¿Realmente se puede ser femenina con pantalón? ¡Por supuesto que sí! El famoso esmoquin YSL o el pantalón de *tweed* con una camisa de seda demuestran que la oposición de materiales puede ser cálida y sensual.

Lo que inquieta del pantalón es que esconde las piernas, pero el resto puede permanecer al descubierto, como el suéter un poco miedoso que enseña los hombros. Cuando el dobladillo cae sobre tacones muy altos, garantiza una silueta vertiginosa.

"Viva el pantalón hípico"

Las revistas anuncian regularmente su regreso, pero no hay que ceder a las sirenas de la moda. Grace Kelly lo llevaba magníficamente y, en la pasarela, las *top models* parecen amazonas con él, pero hasta ahí. En realidad es uno de los pantalones más ingratos, diseñado para destacar las chaparreras.

La alternativa para un *look* hípico chic es el pantalón cigarrillo beige o color tabaco por dentro de unas botas de montar.

"El pantalón deportivo sólo sirve para la clase de gimnasia"

Si tiene un elástico en los tobillos, de acuerdo; pero si es recto, puede pasearse por otros lugares: en el trayecto de tu casa al club deportivo, o al súper… Evita usarlo cotidianamente, a menos que quieras parecer una estrella de *rap* o de *hip hop*.

¿Con qué otra cosa puedo ponérmelos además de los tenis? Evita asociarle una camiseta o una sudadera tres tallas más grande con la excusa de que te da libertad de movimiento. Hay muchas camisetas de algodón, con *stretch* o sin él, bien cortadas, perfectamente ajustadas, que te permiten adoptar la postura de la cobra.

"Mira lo que te compré: un pantalón estupendo, con elástico en la cintura que forzosamente te quedará"

No, muchas gracias. Jamás te compres un pantalón sin habértelo probado y sin que veas en el espejo todos tus ángulos. Tienes que revisar mil detalles (a tu amiga se le verá de otra manera): que no se abombe sobre el trasero, que tenga la longitud exacta, que la tela te siente.

Además, los pantalones con elástico no son recomendables: la tela no se ajusta lo suficiente, y el fruncido crea un efecto "pinza" que engorda el trasero.

15 preguntas para comprobar lo que has aprendido

1. El pantalón ideal para las perezosas es...

a) El *baggy*, porque esconde las formas y borra las caderas.

b) El pantalón largo, porque equilibra el volumen de las caderas.

c) El pantalón de pinzas, porque da volumen a las caderas.

2. Un pantalón que hay que buscar un poco, pero es un básico perfecto...

a) El pantalón recto, con la pierna un poco acampanada, muy favorecedor.

b) El pantalón hípico, con botones al nivel de los talones, muy mono.

c) El mallón, que amolda los muslos, muy tórrido.

3. ¡Alto! Este pantalón está prohibido en tu guardarropa.

a) El de tubo.

b) El militar o cargo.

c) El pirata.

4. El pantalón de esmoquin...

a) Está reservado para los hombres que quieren vestirse de pingüinos.

b) Es sublime combinado con la chaqueta para una mujer.

c) También puede llevarse de día con una camiseta de tirantes y un cárdigan.

5. Un pantalón no necesariamente tiene que ser liso.

a) ¿En serio?

b) Las rayas delgadas pueden verse muy bien.

c) Ya sé, mi prima tiene uno de grandes cuadros tipo escocés.

6. El pantalón de *tweed*...

a) Es para la abuela.

b) Es muy sensual con una camisa de muselina.

c) Se ve bien hasta con un poncho.

7. ¿Cómo llevan las chicas normales (ni demasiado delgadas ni obesas) un pantalón cigarrillo?

a) Bien largo y con chanclas: es inesperado y creativo.

b) Con tacones muy altos: afina y alarga la figura.

c) Por dentro de unas botas planas: es de lo más elegante.

8. Con mi pescador, llevo...

a) Una minicamiseta rosa y sandalias de charol, para darle un toque rebelde.

b) Tenis y un *top* con capucha, para darle un toque deportivo.

c) Una camisa con mangas abombadas y bailarinas (zapatillas bajas), para darle un toque infantil.

9. Para personalizar un poco mi pantalón recto, puedo combinarlo con:

a) Un minivestido fluido y no muy ceñido.

b) Un maxisuéter que me llega hasta las rodillas.

c) Una camisa ancha (tengo una que es una reliquia de los años ochenta).

10. ¿Qué tal unas bermudas? Bien, pero no te la pongas con:

a) Medias en invierno.

b) Una camisa con un escudo, tipo colegial inglés.

c) Una blusa típica del bazar del sábado.

11. No soporto mi viejo traje de pantalón.

a) Lo tiro.

b) ¿Y si cambio la chaqueta por un coordinado de suéter abierto y chaleco?

c) La situación económica es tan mala que no es el momento para caprichos.

12. Estoy en el probador y el pantalón talla 3 me aprieta...

a) Está bien: tengo la intención de perder seis kilos.

b) Pido a la vendedora otro de una talla más grande.

c) Contengo la respiración y... ¡yupi!, me cierra.

13. Después de ponerme el pantalón, me aseguro de:

a) Haberle dado de comer al gato.

b) Que me aplane el estómago.

c) Que no se noten las marcas de la pantaleta.

14. Un pantalón muy caro...

a) Se verá impecable.

b) ¿Por qué no? Aunque no es una obligación.

c) Soy "la chica del pantalón militar".

15. Técnica de compra para encontrar el pantalón que me quedará perfecto:

a) Se lo pido a la vendedora y no me lo pruebo: ella conoce muy bien su oficio.

b) Me lo pruebo cruzando los dedos para que me quede: de todas formas nunca tengo suerte con los pantalones.

c) Me pruebo una docena de modelos, incluyendo aquellos en los que no creo mucho: nunca se sabe.

Respuestas:
1 b, 2 a, 3 a, 4 b, 5 b, 6 b, 7 c, 8 c, 9 a, 10 b, 11 b, 12 b, 13 c, 14 b, 15 c

capítulo 3
Cómo saber si te queda la falda

¿De qué estamos hablando? De la falda, esa prenda que, según dos o tres elucubraciones de los creadores, es el coto privado de caza de las mujeres y las divide en dos categorías:

1. Las que la llevan todos los días.
2. Las que, por así decirlo, no se la ponen jamás.

El segundo grupo es, por mucho, el más numeroso. Sin embargo, una inspección minuciosa en el ropero de las interesadas muestra esta paradoja: las faldas son en general más numerosas que los pantalones. Seguramente se debe a que hay muchos modelos geniales: de la falda trapecio a la plisada, de la gitana a la recta, de la mini a la maxi, la variedad es inmensa.

¿Cómo usarla?

Tip de color 1

No te prohíbas ningún color

Hasta el azul eléctrico de los años ochenta del siglo pasado, puede revelarse despampanante con un *top* negro o blanco. Además, como está lejos del rostro, no hace falta molestarse en ver si ese tono favorece tu color de tez.

Tip de color 2

La falda es ideal para todos los estampados

Flores, lunares, rayas, cuadros, uvas o pájaros exóticos… Siempre y cuando no caigas en lo excesivamente *retro*.

Tip de forma 1

Tengo problemas para guardar la línea, pero soy astuta

Larga, corta, recta... Si te cuesta encontrar la forma que te favorece, no dudes más: la falda trapecio le queda a todas. Es la que tiene forma de V invertida y llega hasta las rodillas. Su primera ventaja es que parte de la cintura y se aleja progresivamente de las caderas: las redondeces se atenúan milagrosamente. La segunda ventaja reside en que se ensancha hacia abajo y minimiza el diámetro de la pierna, por efecto óptico: ideal para los muslos muy gruesos.

Tip de forma 2

En contraparte, si te gustan las curvas, puedes mostrarlas

Si quieres destacar la curva de tu trasero, las faldas rectas y ceñidas son adorables. Desde Marilyn a J-Lo, han embellecido la silueta de más de una.

Tip de material 1

No dudes en darte tres vueltas por la tienda (como cuando te compras zapatos)

Frente al espejo de la tienda se ve bien, ¿y afuera? Asegúrate de que la falda no se suba cuando caminas, que no entorpezca tus pasos, que no se pegue a las piernas, que no dé vueltas alrededor de tu cintura o que no se transparente con ciertas luces.

Tip de material 2

Planchar una falda toma mucho tiempo, ¡pero qué bien se ve!

No siempre es fácil ser una chica de falda: el cuero, la gamuza, la seda, el terciopelo o ciertos plisados, ciertos volantes, ciertos faldones frágiles son difíciles de limpiar. Consuélate pensando que te verás súper bien.

¿Se me verá bien?

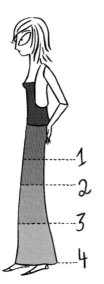

1. Con una malla opaca y zapatos planos, la minifalda se adapta a muchas morfologías. Aunque si eres verdaderamente redonda, quizá no sea la mejor opción para ti.

2. La falda a la rodilla (o que cae justo abajo) es la mejor elección para la silueta, independientemente de la complexión. Una falda amplia o de trapecio te dará más puntos a favor.

3. La falda a media pantorrilla es difícil de llevar. Tiende a ensanchar la figura y, si tus tobillos no son muy delgados, acentuará ese defecto.

4. La falda larga es una buena opción, pero evita el modelo de tubo que se pega de la cintura a los tobillos. Suelta y fluida de seda o de una tela más flexible se verá mejor.

Ojo: si eres realmente bajita, prefiere la falda trapecio que te hará ganar algunos centímetros.

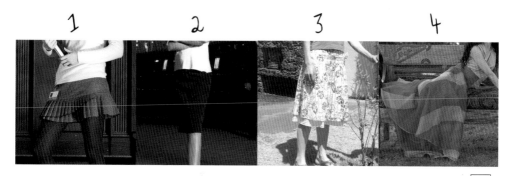

Los imprescindibles para quienes no tienen frío en las piernas

Indispensables

- La falda trapecio les queda a todas.

- El faldón es versátil y fácil de combinar.

- La falda de seda no puede ser más glamorosa.

- La falda de mezclilla es ideal para usar de día y de noche.

Y si todavía queda espacio en el ropero...

- La falda estampada expresa tu personalidad.

- La falda de *tweed* es un clásico muy chic.

- La falda de cuero es más fácil de usar de lo que se cree.

- La falda recta es tu estilo.

- La minifalda, si tus piernas se ven bien con ella.

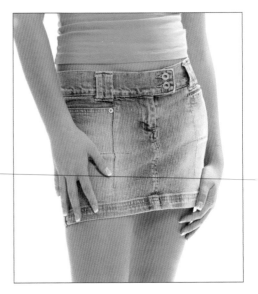

Ojo con las trampas

- La falda requiere una mirada objetiva en el espejo y algo de autocrítica: "¿En verdad quiero mostrar mis piernas?" El error consistiría en responder: "Sí, mis rodillas son gruesas al igual que mis tobillos, lo asumo y voy a ponerme una minifalda *stretch*".

  Asumir consiste, más bien, en tomar conciencia de los propios defectos y en hacer algo para disimularlos, de manera que los demás te vean como una diosa.

- Tampoco se trata de prohibirte la falda. La minifalda y la falda recta son para piernas perfectas, pero los demás modelos pue-

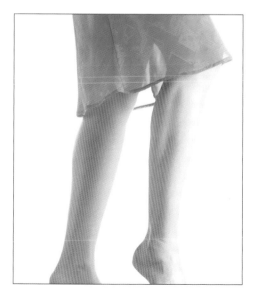

den hacer maravillas con botas o medias negras opacas (evita los colores y los estampados).

- Hay un largo que no le sienta a nadie: el que cae a media pantorrilla. El mejor es el que se detiene en los alrededores de la rodilla o el que llega hasta el tobillo.

- Una preocupación muy frecuente entre quienes reniegan de la falda es que no se sienten cómodas. ¡Lástima!, porque esta prenda no es sólo para grandes ocasiones. Por ejemplo: con unas botas de montar y un suéter grueso de cuello alto, hasta una falda de muselina puede verse informal; lo mismo sucede con una camisa larga blanca, un chaquetón y una bufanda tejida: hasta una falda recta puede parecer de fin de semana.

- Las faldas rectas no son para zapatos bajos. A menos que seas muy alta, las bailarinas o las botas de tacón bajo comprimen la figura, lo que no sucede con las minis, aliadas tradicionales del zapato bajo. Las faldas amplias y vaporosas admiten todo, pero el tacón alto o *stiletto* es más espectacular, más adecuado para destacar en una velada.

Guardarropa de la semana

La falda trapecio

No hace falta presentártela, es **la falda** que debes tener a falta de cualquier otra. Se adapta a todas las siluetas y atenúa los defectos con su forma ligeramente acampanada.

No olvides escogerla con un toque de moda: pliegue hueco al frente, cinturón original o costuras contrastadas… Y si sólo quieres tener una, escógela de algodón, te servirá para todo el año.

Lunes

¿Tu chaqueta de mezclilla no quiere separarse de ti desde el fin de semana? La falda trapecio permitirá que la lleves a la oficina, sobre todo si le añades un par de tacones y una linda bufanda.

Ideal para: aligerar el regreso al trabajo.

Martes

Para darle un toque glamoroso a tu falda no tienes que cansarte mucho. Un *top* de jersey con mangas pagoda, un collar de fantasía, unas medias opacas y ¡listo!

Ideal para: conseguir que tu novio te invite a cenar.

Miércoles

Las medias de rejilla o red son un buen recurso para transformar la apariencia de una falda. Evita el parecido con una bailarina del "Lido" contrastándolas con detalles románticos: un suéter pequeño, cinturón sobre la cadera y bolso estampado de flores.

Ideal para: ser la más *fashion* de tu curso de inglés.

Jueves

Si detestas los tacones altos, con unas sandalias tipo espartano y un *top* marinero adornado con un broche de flor, tu falda se verá tan bien como con unos incomodísimos zapatos de tacón.

Ideal para: un coctel al aire libre.

Viernes

Verse chic con falda sin parecer engreída es un verdadero reto. Consíguelo con dos camisetas sin mangas sobrepuestas, unos brazaletes estampados y un par de sandalias de correa para mostrar unos tobillos delicados. ¡Fantástico!

Ideal para: festejar tu cumpleaños bellamente.

Sábado

La blusa victoriana con mangas balón y cuello fruncido está en todas las tiendas. Te funcionará mejor con falda y botas sencillas que con el *look* completo de la falda de cola y los botines con agujetas.

Ideal para: irse a mirar aparadores.

Domingo

Con tu bikini y un cárdigan bicolor, la falda adoptará un aspecto estival más fácil de asumir que unos pantalones cortos.

Ideal para: tomar el sol en el balcón sin molestar a los vecinos.

Tanto en invierno como en verano

La minifalda

No podíamos privarnos de esta falda que está lejos de ser la pesadilla de las chicas súper delgadas. Si tiene un poco de vuelo, está algo acampanada y el largo es razonable, no dudes en tenerla en tu ropero.

¡Qué calor hace!

Enseña las piernas, pero cubre lo demás. Sandalias bajas, cárdigan en algodón desabrochado hasta donde hace falta más un detalle veraniego (un bolso de asas de madera).

¡Qué frío!

Las medias opacas le dan un toque conservador a tu falda. Agrega un suéter de cuello alto, bailarinas y, ¿por qué no?, un miniponcho acanalado.

Mamá siempre me ha dicho...

"La falda larga le queda a todas, es bien sabido"

La creencia generalizada es que, a más tela, menos defectos. Ahora bien, si eres una estaca de 1.80 m, efectivamente, la falda te proporcionará un estilo bohemio chic de lo más atractivo, pero una chica estándar parecerá un saco y el largo de la tela le dará un aspecto amorfo.

¿Cómo guardar la forma jugando do con el arte de disimular? En invierno, un bonito par de botas sobre unas medias opacas y una falda a la rodilla resultarán de lo más chic. En verano, recuerda la falda trapecio que adelgaza el resto de la pierna.

"No puedes comprarte una falda sin la chaqueta que hace juego"

Pues sí. Hace mucho tiempo, hasta en las oficinas más estrictas se aceptó que los empleados combinaran los trajes. Incluso es muestra de creatividad.

El *look* total de traje sastre (o de chaqueta) no exige creatividad alguna y el gusto reside en atreverse a mezclar y a probar (luego, basta con dosificar según el temperamento y el código establecido en vigor): combinaciones de materiales (falda de muselina más chaqueta de *tweed*; falda de seda más chaqueta de terciopelo), colores (falda formal gris más chaqueta rosa) y, para las más atrevidas, estampados (flores con cuadros).

No olvides que el coordinado de cárdigan o suéter abierto y camiseta puede reemplazar la chaqueta, y la cazadora de piel puede verse súper chic con una falda recta muy formal.

"En mis tiempos, nunca veías a alguien con falda y tenis"

No necesariamente, pues incluso Gabrielle Chanel, desde su suprema elegancia, invitaba a las mujeres a relajar sus pies con zapatos deportivos.

La opción de falda y tenis no es sinónimo de dejadez ni obliga a sacrificar la apariencia, siempre que se respeten dos o tres reglas. La imagen de la ejecutiva de traje sastre y calzado deportivo, difundida en los años ochenta del siglo pasado, es ridícula. Sin embargo, una falda cruzada se verá encantadora con zapatillas deportivas.

Lo importante es mantenerse ligera, fresca y sorprendente: los faldones se ven muy bien si las zapatillas son un poco estilizadas; lo mismo sucede con las faldas acampanadas de telas ligeras, estampados de flores y encajes.

En caso de haber una onda de frío, un suéter de lana gruesa, un gorro y una bufanda (pero sin calcetines) bastan para crear una silueta tan *cosy* como bonita.

"La minifalda no es para chicas respetables"

Obviamente esto es falso. Pero existe un lugar común muy arraigado entre las chicas: cuanto más enseñes, más sexy resultarás. ¡No, no y no! La falda al ras del trasero más tacones más corpiño es quizás una fantasía masculina, pero resulta archivulgar (las madres suelen repetírnoslo).

Hay que escoger entre mostrar las piernas o el escote, no ambos. Por poner un caso extremo, una minifalda es más atractiva con un cuello alto que con un *top* transparente: crea algo de misterio.

Para darle gusto a tu mamá y seguir siendo una chica respetable, sigue este consejo: si te arriesgas a contraer una bronquitis y en las piernas sientes la piel de gallina, tienes que cubrirte un poco más.

15 Preguntas para comprobar lo que has aprendido

1. ¿Cuál es la falda ideal de las perezosas?

a) La mini de mezclilla, porque es más fácil de planchar.

b) La falda larga, porque puedes ponértela sin tener que depilarte las piernas.

c) La falda trapecio, porque te hará una silueta impecable.

2. Tengo las caderas un poco redondas, ¿me olvido de la falda?

a) No, pero usaré modelos más bien largos que cubran las redondeces.

b) No, porque una falda de secretaria ajustada o una falda satinada cortada al bies se me verán muy bien.

c) Sí, y sólo usaré mis viejos pantalones deportivos.

3. Para encontrar al fin la falda que me queda, debo:

a) Escuchar los consejos de la vendedora: sabe más que yo.

b) Probarme todos los cortes, inclusive los modelos que me he prohibido, y revisar que la tela no se abombe en las caderas y la cintura.

c) Comprarme la misma que mi mejor amiga (que pesa 10 kilos menos que yo).

4. Soy alta y esbelta (¡qué suerte!), así que puedo ponerme:

a) Una mini vaquera para verme *funky*.

b) Una falda de secretaria bien ajustada para verme a la vez seria y sexy.

c) Un faldón de algodón para verme romántica.

5. Con esta falda pareceré una estrella de cine en cinco segundos.

a) La falda escocesa de lana.

b) La falda de gitana.

c) La falda de seda.

6. Tengo ganas de una falda fucsia. ¿Mi tez se verá como tomate?

a) Si el fucsia no favorece la cara, mejor ni lo intento.

b) No, si me la pongo con un *top* que ilumine mi rostro.

c) Sólo tengo que ponerme una camiseta que combine; al menos parecerá que lo hago a propósito.

7. ¿Con qué combino mi falda de flores?

a) Con una chaqueta ligera y zapatillas deportivas de tela o sandalias plateadas: hay que evitar el aspecto rústico.

b) Con un *top* igual para no equivocarme.

c) Con una camisa a rayas en la misma gama de colores: puedo atreverme a usar dos estampados a la vez.

8. Para tener la falda de mis sueños, ¿forzosamente tendré que romper mi alcancía?

a) Por supuesto, la calidad cuesta.

b) Pues sí, sobre todo si quiero una falda de última moda.

c) No necesariamente: la falda amplia, con mucho vuelo le queda a todas y puedo encontrarla muy barata en el bazar del sábado.

9. ¿Con qué me pondré la falda de diseñador que me costó una fortuna?

a) Mejor no la uso.

b) Con una chaqueta clásica, con una camiseta rockera y unas sandalias.

c) Con unos zapatos súper chic.

10. ¿Me atreveré a usar la falda de lentejuelas?

a) Ni loca.

b) Claro que sí, sobre todo si la combino con una camiseta sencilla de algodón sin mangas.

c) A lo mejor cuando ingrese al "Moulin Rouge".

11. La minifalda...

a) Es para menores de 16 años.

b) Nunca me quedará.

c) Si no es muy corta, me la pondré con unos zapatos bajos.

12. La falda de tweed...

a) Es para todas, siempre que se usen accesorios adecuados a la edad.

b) Es para la abuela.

c) Es para las colegialas inglesas.

13. ¿Qué hago en invierno con mi hermosa falda de verano?

a) La dejo en el fondo del ropero.

b) La convierto en un trapo de limpieza.

c) La renuevo: un cárdigan mullido, unas medias opacas y unas botas hípicas.

14. ¡Uy! Mi falda vaporosa es algo transparente...

a) La escondo bajo un suéter grueso sin forma o un impermeable.

b) La tiro a la basura: me exaspera.

c) Invierto en una faldita tipo fondo para que no se transparente.

15. Detesto llevar tacones con falda, ¿acaso no soy una chica de verdad?

a) No es así. La ecuación: falda más tenis es también muy sexy.

b) Sí, así es, por eso debería forzarme, aun si me siento incómoda.

c) Sí, así es, por eso dejaré de usar la falda muy corta.

capítulo 4
Cómo lucir un vestido aunque no vayas a la entrega del Óscar

¿De qué estamos hablando? Del vestido, esa prenda que ha caído en desuso y que actualmente es sinónimo de Navidad y Año Nuevo. Sin embargo, constituyó la base del guardarropa femenino hasta la mitad del siglo xx. Desde las crinolinas de María Antonieta hasta los cuellos Claudine que las costureras cortaban sobre patrones de alta costura hace todavía cinco décadas, el vestido ha tenido una larga vida, ¡no hay que dejarlo atrás! Porque si encuentras el que te queda, el que te pondrás como si fuera una camiseta, pero que te viste de pies a cabeza, habrás dado con la respuesta a la pregunta: "¿Y ahora qué me pongo?"

¿Cómo usarlo?

Tip de color 1

No te lances sobre colores como el fucsia

Como el vestido cubre casi todo el cuerpo, requiere cierta prudencia en cuestión de color. Por ejemplo: una falda color café puede quedarle bien a todas, pero ¿estás segura de que un vestido así no apagará el tono de tu rostro?

Otro caso: puedes atreverte a usar una falda roja contrastándola con un *top* azul marino; pero tratándose de un vestido, ¿no alertarás a los bomberos con semejante color?

Tip de color 2

Lo mismo con los estampados

Un estampado de insectos en una falda no tiene importancia, pero ¿qué pasará si éstos parecen saltar sobre tus hombros y reptar en tu escote? También sucede con los grandes lunares que pueden caer en un mal lugar (sobre un seno o un glúteo).

Ten cuidado especialmente, con los estampados muy grandes, muy visibles o muy cargados, que hacen que tu silueta pase a un segundo término. Cuanto más delicada sea tu figura, mayor proporción debe guardar el estampado.

Tip de forma 1

Trata de encontrar el vestido que te favorezca tanto arriba como abajo

¡Uf! Resultará un poco difícil si tienes caderas anchas (necesitarías una falda acampanada) y busto pequeño (que prohíbe los escotes *balconnet*) o a la inversa, si tienes un busto muy grande y caderas pequeñas.

No hagas concesiones al comprar: todo o nada, el vestido no debe quedarte a medias.

Tip de forma 2

Y si no encuentro, busco...

Un modelo que vuelve sublimes a todas las chicas: el vestido cruzado. El escote resulta igualmente bonito para todas las copas, desde la A hasta la C. La falda acampanada da forma a quienes carecen de cadera y ayuda a las que la tienen hasta para regalar.

Tip de material 1

La tela constituye una dificultad adicional

Si es muy rígida, parecerás agarrotada; muy delgada, te sentirás poco vestida. El jersey resulta ideal: se desliza bellamente a lo largo de tus curvas y se mueve contigo.

Tip de material 2

Ten en mente que los vestidos se lavan seguido

Al contrario de la falda, el vestido debe lavarse al final del día, sobre todo si es de manga larga y si has transpirado. Por lo tanto, escógelo de telas de fácil cuidado: qué pereza embarcarse con un modelo de lana que requiere tintorería todas las semanas.

¿Se me verá bien?

1. El modelo imperio, que se ajusta hasta abajo del busto, forma una silueta adorable, pero si tienes el talle grueso, el pecho o las caderas exuberantes o eres bajita, no es buena idea. Sin embargo, te conviene si quieres disimular tus senos pequeños o tu escasa cadera.

2. Para no equivocarse, lo mejor es escoger un vestido que delinee el talle. Si ya está marcado, te verás más femenina; si tu cintura y caderas son rectas, borrará este defecto inmediatamente siempre y cuando el vuelo se ensanche en forma de campana.

3. El vestido de talle bajo funcionará mejor si tienes una figura andrógina, pues suele caer en el peor lugar para las más llenitas.

Una buena alternativa: un cinturón ancho a la cadera... pero con un vestido bien ceñido a la cintura.

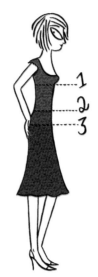

Los imprescindibles para quienes no acostumbran subir las escaleras de la fama

Indispensables

- El vestido cruzado que te hace lucir tan sensual.

- El vestido de manga larga, de una tela flexible, es cómodo como una camiseta.

- El vestidito negro, obviamente indispensable.

Y si todavía queda espacio en el ropero...

- El vestido de muselina cuando quieras verte vaporosa.

- El vestido de tirantes, que puedes usar tanto en invierno como en verano.

- El vestido de flores, que te pone de buen humor.

- El vestido de princesa, pues llegará el día en que...

Ojo con las trampas

- El vestido recto (también llamado "tres agujeros": un rectángulo de tela abierto por los brazos y el cuello) requiere un vientre plano. La mínima barriguita basta para parecer embarazada de cinco meses.

- Un error que resurge cada verano: el *bra* visible que mata la belleza de un vestido escotado de la espalda o del busto.

Impensable para las chicas de pecho exuberante (ojo con los senos que cuelgan y se balancean).

La solución para los vestidos escotados es invertir en un *bra* sin tirantes.

En cuanto a los modelos que muestran la espalda, no hay nada que hacer, excepto recordar que la próxima vez habrá que escoger los de copas integradas.

Evita el error de pensar que con un *bra* de color carne nadie notará la banda beige que recorre la espalda de un lado a otro.

- El minivestido que apenas cubre el trasero y muestra la mitad del busto está proscrito definitivamente. En cambio, trata de conseguir un vestido corto de manga larga: será una buena compra. No importa si es ajustado, en jersey o en algodón flexible, te servirá lo mismo para estar en casa que para salir por la noche. Si tu debilidad son los vestidos escotados, prefiere los que tienen faldas cuyo largo llega hasta la rodilla. Y antes de salir de casa, levanta

los brazos en todos los sentidos para asegurarte de no haya estallidos cuando levantes tu vaso en un brindis o cuando estés bailando en medio de la pista.

- Cuidado con los viajes históricos. El vestido estilo imperio (que ciñe el busto y cuya falda es larga y recta) resulta más complicado de lo que parece: no favorece mucho a las chicas exuberantes, y las más delgadas pueden pasar inadvertidas.

¿Qué tal un modelo de los años veinte del siglo pasado, con caída y tirantes, que no destaque ninguna curva? Genial si quieres parecer un saco. ¿Y un vestido tipo años cincuenta, con su falda balón? ¡Ideal para verse como un globo aerostático listo para despegar!

- Un buen truco para que las chicas de piernas gruesas no se priven de esta prenda tan femenina: usarla con pantalones. En realidad es más fácil decirlo que hacerlo, pues el vestido debe tener caída (para que no se entalle y se abulte con el pantalón) y estructura (de lo contrario, parecerías una indigente que lleva toda su ropa encima). Este truco sólo sirve si no tienes sobrepeso (la acumulación de tela sólo agregará volumen) y no eres muy delgada (sólo sobresaldrán dos capas de tela).

Guardarropa de la semana

El vestidito negro

La elección ideal para reconciliarse con los vestidos. Sus ventajas: sobriedad y simplicidad. Un modelo en jersey con caída, que se ensanche a partir de la cintura y llegue hasta las rodillas, será toda una adquisición. Las mangas rizadas que caen encima de los hombros también ayudan a disimular los brazos un poco flácidos.

Lunes

El vestido no se reserva para las noches de gala. Si la falda es sencilla, lucirá bien sobre una camiseta de algodón y unas botas con agujetas.

Ideal para: esa reunión tan importante que tienes a las 11:30 de la mañana.

Martes

Si el vestidito negro te parece demasiado clásico, rompe el esquema con una cazadora de cuero claro, una bufanda alrededor del cuello y unas sandalias originales.

Ideal para: presumir en la reunión de ex alumnos.

Miércoles

Sólo necesitas un suéter de capucha ajustado y un morral para hacer más deportivo tu vestido.

Ideal para: la clase de cerámica.

Jueves

¿Traje sastre con falda? No, gracias. Mejor opta por una chaqueta bicolor con tu vestido, lucirá más moderno, en particular si le agregas un bolso de cuero y unas bailarinas.

Ideal para: la cita de trabajo que tanto te interesa.

Viernes

Adapta tu vestido al humor *cocooning*, con un gran suéter cruzado, una bufanda mullida y unos calcetines gruesos.

Ideal para: una cena frente al televisor.

Sábado

A pesar de su sobriedad, el vestido negro puede ser terriblemente *girly* si le agregas un cinturón de tela, collares y alpargatas.

Ideal para: una merienda con tu mejor amiga.

Domingo

Para hacerlo muy sexy ponte un suéter de cuello en V sobre el vestido y recicla tu bufanda preferida usándola como cinturón. Escoge zapatos de plataforma, más sorprendentes que los clásicos tacones.

Ideal para: mirar a los chicos desde la terraza de un café.

Tanto en invierno como en verano

El vestido de flores

Sí, puedes llevarlo sin parecer protagonista de *Los pioneros*. Basta con evitar colores (como el rosa bombón) y estampados retrógrados; usa accesorios citadinos.

¡Qué calor hace!

Un cinturón de cuero trenzado permite renovar el *look* de tu vestido haciéndolo más largo de la parte superior y más corto de la inferior. Agrégale una estola de velo y unas chinelas de tacón para darle un toque sofisticado.

¡Qué frío!

Tu vestido siempre se verá moderno. Asócialo a unas botas de tacón, una bolsa de moda y una chaqueta de piel (verdadera o imitación).

Mamá siempre me ha dicho...

"¿Te acuerdas de aquellas viejas películas en las que Judy Garland, Marilyn Monroe o Betty Grable llevaban una camisa blanca como si fuera vestido? Era tan seductor..." Nosotros también sentimos nostalgia por esas películas, pero no vemos cómo insertar ese *look* años cincuenta en las calles de hoy.

Sin embargo, en la playa puede verse muy bien una camisa blanca sobre el traje de baño y unas sandalias de plataforma: es una alternativa encantadora en lugar del vestido de playa tradicional.

En todo caso, las vampiresas modernas llevarían una túnica a la mitad de los muslos o un caftán con un cinturón de hebilla grande, anillos de metal o simplemente una mascada trenzada: *So cute*!

**"¿Te invitaron a una noche de gala?
¡Pero si no tienes vestido largo!"**
Aun cuando la invitación advierta: "Estricta
etiqueta", no necesariamente tendrás que llevar un vestido de cola y abrigo de piel. Hay
muchas opciones que requieren ajustes míni-
mos para esas ocasiones.

¿Cuáles? En general, lo más sencillo es lo más
chic. Deja el vestido flamenco de lunares y
encajes en el bestiario. Sin embargo, tu modelo de *tweed* tiene
todas las posibilidades de armo-
nizar con los canapés y las copas de champán si lo combinas
con sandalias doradas y un bolso
original.

Un vestido de verano de muselina también se verá sublime con
una bufanda larga de lentejuelas
enroscada varias veces alrededor
del cuello, o bien, con una minicapa bordada.

"Si sales de viaje, no te lleves un vestido: es poco funcional. Mejor atiborra tu maleta de faldas y camisetas"

Esta sugerencia no es mala, pero te privaría de un aliado de primera mano: el vestido ideal con el que te sientes a gusto.

Para muestra, basta un botón: con un vestido de tirantes de algodón muy delgado puedes ir a la playa; una chaqueta caqui y unos suecos de madera son ideales para visitar un museo; por la noche resultará elegante con un cárdigan de lentejuelas y un bolso de sobre; en una lunada, con el suéter de piqué de tu novio. Las posibilidades son ilimitadas y más emocionantes que la simple combinación de falda y camiseta.

"¿Vestido con botas camperas? ¡Qué mundo de locos!"

Esta idea puede verse muy femenina y nada descuidada. Por supuesto, los zapatos deben ser despampanantes.

Algunos vestidos no se prestan a las combinaciones. El modelo recto de lana es demasiado rígido y no soporta ciertos arreglos. Sin embargo, actuar el *look* rebelde con botas de motociclista y un vestido gótico resultaría muy redundante. La solución está en cualquiera de estos dos extremos, en la zona donde florecen los vestidos tipo *Los pioneros* y las muselinas blancas al estilo de *Emmanuelle*.

15 preguntas para comprobar lo que has aprendido

1. ¿Cuál es el vestido ideal para las perezosas?

a) El vestido *strech* de tubo, rojo.

b) El minivestido XXS.

c) El vestido cruzado.

2. ¿Es buena idea el vestido estampado?

a) No, nada como el vestidito negro.

b) Sí, siempre y cuando el estampado se vea de lejos.

c) Por supuesto, pero de preferencia con un estampado de colores sutiles.

3. Este vestido es sublime, excepto porque se abomba en el trasero...

a) No importa, me ataré un suéter alrededor de la cintura.

b) No importa, me olvido de ese vestido y busco otro que me siente bien.

c) No importa, nadie se dará cuenta.

4. ¿Qué material le da más sensualidad a un vestido?

a) El jersey con caída.

b) El lino almidonado.

c) La lana esponjosa.

5. Cuidar mi vestido de seda...

a) No es fácil, pero quiero ahorrarme la tintorería.

b) No es fácil, pero cruzo los dedos para que no se encoja si lo lavo a mano.

c) No es fácil; de hecho, prefiero un modelo de algodón menos complicado.

6. No puedo deshacerme de este vestido...

a) El vestido de baile de tul.

b) El vestido estilo años setenta, con estampado sicodélico.

c) El vestidito negro intemporal.

7. Por el contrario, este vestido debe manejarse con precaución...

a) El vestido recto de "tres agujeros".

b) El vestido estilo años veinte de talla chica.

c) El vestido tipo imperio.

8. Con estas piernas tan gruesas...

a) No tengo remedio, le daré mi bendición al vestido.

b) Me pongo un vestido por encima de mis *jeans*, y listo.

c) Mejor me regalo una liposucción, ¿no?

9. ¿Qué tal un vestido con cazadora de aviador?

a) ¿Están locos los diseñadores?

b) Es una buena forma de reciclar el vestido de tubo que no me pongo jamás.

c) También voy a probarme una chaqueta de hombre con mi vestido de tul.

10. ¿Cuál es el vestido ideal para cualquier edad?

a) El vestido de manga larga, tan bonito y cómodo como una camiseta.

b) El vestido tejido en *crochet*, tan mono.

c) El vestido con estampado príncipe de Gales.

11. Estoy harta de mi vestido negro...

a) Lo mando al cesto de basura.

b) Me lo pongo con un pantalón y un cinturón de ocasión.

c) Lo deslizo sobre una camiseta de tirantes y me pongo unos collares de fantasía.

12. ¿Qué vestido se me verá mejor en la playa?

a) La túnica a medio muslo y su cinturón de tela trenzado, estilo años setenta.

b) El vestido con falda balón, muy cincuenta.

c) El vestidito de tirantes de algodón, nunca pasa de moda.

13. Para estar guapísima en una cena, escojo el combinado:

a) Vestido de *tweed* y sandalias *flashy*.

b) Vestido de muselina y mi capa de lentejuelas.

c) Vestido negro y collar de perlas.

14. ¿Qué vestido completará mejor mis botas camperas?

a) El vestidito romántico, con un toque de encaje.

b) El vestido de mezclilla con flecos.

c) El vestido recto en *tweed*.

15. ¿Y si de verdad descubro que el vestido no es para mí?

a) No importa, todavía me quedan los *jeans*, los pescadores, las faldas y los pantalones.

b) Por lo menos trato de ponerme una camisola sobre unos *jeans*, quizá me sorprenda.

c) Me reservo el derecho de cambiar de opinión más tarde.

Respuestas:
1 c, 2 c, 3 b, 4 a, 5 b y c, 6 c, 7 a y c, 8 b, 9 b y c, 10 a, 11 b y c, 12 a y c, 13 a, 14 a, 15 a y b

capítulo 5
Los 15 básicos que te salvarán la vida

No los olvides jamás en tu ropero ideal

1. Los *jeans* que me hacen tener una silueta genial

No es difícil reconocerlo: no estrangulan la cintura, no muestran la mitad de tu trasero cuando te agachas, subliman tus defectos y se acomodan lo mismo a unos tenis que a los tacones. Ninguna chica debería vivir sin ellos.

2. El pantalón negro con el que olvido mis complejos

Nada mejor que el chic inquietante de este básico robado del bestiario masculino, que puedes volver sensual a voluntad (con una blusa un poco transparente; serio (con una chaqueta a rayas); informal (con una camiseta estampada o una sin mangas). Escoge de preferencia los de talle bajo y en materiales de calidad (fuera el acrílico que brilla o el 100 % *stretch* que acentúa el mínimo defecto).

3. Una falda de mezclilla

Escoge el corte trapecio, de mezclilla ni muy blanda ni muy rígida, sin deslavar: con estos tres trucos estarás segura de que la falda vaquera te favorece y se adapta a cualquier *look*.

4. Un vestidito negro

Una adquisición de lo más rentable: se adapta a todas las ocasiones y puede reciclarse mil veces; sólo tienes que cambiar de accesorios.

5. Un vestido de tirantes tanto para el verano como para el invierno

Lo ideal es que la falda sea de un material con caída. Las posibilidades de este vestido son infinitas, porque puedes llevarla con sandalias de playa o con botas, con unos *jeans* o sobre unas medias opacas, debajo de una chaqueta o de un cárdigan, y luce muy bien sobre una camiseta.

6. Una camisa blanca

No la uses todos los días por aquello de las manchas (no te la pongas para ir a jugar al parque con tu hijo). Es una prenda que va bien con todo, se adapta a todas las situaciones y favorece a todas las chicas. En fin, un ropero sin ella es como una tarta sin mermelada.

7. Un top de seda con tirantes

Pruébatelo inmediatamente y despierta a la Catherine Zeta-Jones que dormita en cada una de nosotras. Se ve monísimo con una falda o un pantalón cigarrillo, pero la mejor táctica consiste en combinarlo, como quien no quiere la cosa, con unos *jeans* y un suéter grande de cuello en V que se deslizará despreocupadamente por la espalda y mostrará sus tirantes.

8. Un coordinado de un color vibrante para darte un toque de dinamismo

Como el champú 2 en 1, el coordinado puede hacerte ganar 10 minutos cada mañana. Consiste en un *top* con un suéter en combinación: si te lo pones con un pantalón negro y tacones, estarás lista para ir a la oficina. El fin de semana ponte el suéter sólo con unos *jeans* y zapatillas bajas. Olvídate del negro o del gris y busca colores de helado estival.

9. Una chaqueta de hombre para llevar con un *top* en el día (y sin nada por la noche)

Si todavía no la tienes en tu ropero, consíguela cuanto antes, pues el día de la entrevista del trabajo de tu vida o la noche en que quisieras verte sorprendente sin tambalear, te morderías los dedos si no te estuviera esperando en un gancho.

10. Una gabardina

Cubrirse con un impermeable de plástico los días lluviosos es mucho menos glamoroso que deslizarse despreocupadamente en este clásico de clásicos, cuya aura evoca irresistiblemente a las seductoras del cine negro. Si la usas con unos *jeans* viejos y tenis podrás ir a comprar el pan el domingo por la mañana.

11. Una mascada para amarrar en el cuello o para tirarla despreocupadamente sobre los hombros

...o para transformarla en capucha en el tren o el avión, reciclarla como complemento glamoroso si no tienes otra cosa a la mano, dejarla colgar debajo de la chaqueta como si fueras una estrella de rock tan *cool* que no se molesta en anudarla o enroscarla mil veces alrededor del cuello cuando realmente hace frío.

12. Unas medias opacas para pasar una falda del invierno al verano en un santiamén

Y opaco quiere decir "opaco", pueden ser mate o ligeramente satinadas. De lo contrario, existe el peligro de parecer una patinadora que se puso su traje debajo de la falda.

13. Un coordinado de *bra* y pantaleta color carne, que no se note aun con una camiseta blanca

Todas las marcas, incluso las más baratas, ofrecen estas maravillas. Por lo tanto, no hay excusa para que el *bra* azul marino salude por debajo de tu camisa color marfil o para que la pantaleta se marque y arruine el efecto sublime del pantalón recto.

14. Un cinturón un poco *funky* que le dé un toque rockero a cualquier combinación

Lo que en un *look* completo sería difícil de digerir, resultará irresistible con este accesorio. ¿Por qué no escogerlo en lamé plateado, en falsa piel de cocodrilo o bordado con flores nacionales? Y si sólo te gustan los grandes clásicos, ¿qué tal el cinturón grueso "pirata" de cuero negro?

15. Un par de zapatos de tacón bajo para todos los días

No hay contraindicación con las bailarinas negras, así que adóptalas, como la camisa blanca, que va con todas las edades, morfologías y estilos.

Dirección editorial: **Tomás García**
Edición: **Jorge Ramírez**
Traducción: **E.L., S.A. de C.V.,**
con la colaboración de Amalia Estrada
Supervisión editorial: **E.L., S.A. de C.V.,**
con la colaboración de Quinta del Agua Ediciones, S.A. de C.V.
Coordinación de portada: **Mónica Godínez**
Ilustración: **Jeanne-Aurore Colleuille**
Fotografías de interiores: © **AbleStock; Onoky, pp. 14, 16, 20 y 28**
Fotografías de portada: **Photo Stock, S.A. de C.V.**
Adaptación de portada: **E.L., S.A. de C.V.,**
con la colaboración de Pacto Publicidad, S.A. de C.V.

Edición original en lengua francesa:
© MMVI Marabout
Título original: *L'armoire idéale des paresseuses*

Edición para América Latina:
D.R. © MMVIII por E.L., S.A. de C.V.
Londres 247, México, 06600, D.F.

ISBN: 2501-04532-7 (Marabout)
        978-970-22-1945-3 (Para esta obra)

PRIMERA EDICIÓN

Marabout es una marca registrada de Hachette Livre.

Impreso en México - Printed in Mexico

Esta obra se terminó de imprimir en octubre de 2008
en Editorial Impresora Apolo, S.A. de C.V.
Centeno 150-6, Col. Granjas Esmeralda
C.P. 09810 México, D.F.